FACULTÉ DE DROIT DE PARIS.

THÈSE

POUR LA LICENCE.

L'acte public sur les matières ci-après, sera soutenu
le vendredi 5 août 1836, à 3 heures,

PAR JEAN-BAPTISTE GAUTRON,

Né à Mont-Luçon (Allier).

PRÉSIDENT, M. DUCAURROY, Professeur;

MM. BERRIAT-ST-PRIX,	
ROYER-COLLARD,	Professeurs.
ROSSI,	
PERREYVE,	Suppléant.

Le Candidat répondra en outre aux questions qui lui seront faites sur les autres
matières de l'enseignement.

PARIS. — 1836.

Aux mânes de mon Grand Père !

A ma Grand' Mère ! A ma Mère !

JUS ROMANUM.

De mortis causâ donationibus.

(D. lib. 39 , tit. 6.)

Mortis causâ donatio est ea quæ propter mortis fit suspicionem , sive quòd immineat periculum, scilicet prœlium, navigationem, sive quòd donator de morte cogitet.

In illâ porro donatione dicitur magis se habere velle donatorem quàm eum cui donat, magisque eum cui donat quàm heredem suum.

Tres esse species donationum mortis causâ refert Julianus : 1° unam , quum quis, nullo periculi prœsentis metu conterritus, sed solâ mortalitatis cogitatione donat; 2° aliam, quum quis impendente calamitate motus , ità donat ut statim fiat accipientis; 3° tertiam, si quis periculo commotus, non sic dat ut protinùs fiat accipientis, sed tunc demum cùm mors fuerit insecuta.

Quartum donationis genus addi potest : nimirùm quòd aut mortis suæ causâ duntaxat quis donat aut alterius personæ mortis causâ.

Suspensivè fieri potest mortis causâ donatio , videlicet : equum tibi dono, si pugnâ cecidi; sive modo solubili, nempè : œquum quem tibi dono, cùm prælio non moriar, restituas.

Denique mortis causâ donatio generaliter evenit aut in periculum mortis aut cogitatione mortalitatis, quòd nos quandòque morituros intelligimus.

De naturâ et formâ mortis causâ donationum.

Scribi vel non scribi quit mortis causâ donatio; sed sive in scriptis sive absque scriptis fiat, coràm quinque testibus celebrari debet ; insinuatione autem careat.

Quoniam verò hæc propter mortis contemplationem donatio locum habeat, nec nisi mors donatori contingat, confirmatur.

Donator sanè rem non solùm ipsi donatario tradere potest , sed interpositæ personæ quæ post mortem donatario det ; imò sine traditione fieri potest.

Ast mortis causâ donatio imperfecta revocabilisque , solo donatoris interitu convalet, ità ut si ille qui donavit liberatus fuerit, sibi restituatur ; sin autem perierit , habeat qui accepit. Quum irrevocabiliter donatur, hæc tamen dispositio quanquam in extremis facta , donatio inter vivos videtur ; eo enim casu obitus causa donandi magis est quàm mortis causâ donatio et ibi , qui donat, illum potiùs quàm se habere mavult.

Mortis causâ donatio legatis ferè per omnia similatur.

Undè, sicuti legata, nisi deducto ære alieno mortis causâ donationes debebuntur ; quare per immodicum æs alienum donatio infirmatur et quidem , etsi debitor consilium creditorum fraudandorum non habuisset, avelli res ab eo mortis causâ donata debet ; quare etiam si donator pœnâ fuerit capitis affectus, removetur donatio ut imperfecta.

Idcircò donationes mortis causâ falcidiæ subjiciuntur et fideicommissis gravari possunt ; quin ei cui mortis causâ donatum ea, posse substitui constat.

Mortis autem causâ donatio à legatis nihilominùs differt. Donari potest ab intestato et ab intestabili ; legatum verò à testato procedit. Legatum unius, donatio mortis causâ duorum consensu exstat ; inter præsentes fieri debet mortis causâ donatio, dùm legatum in absentem ac ignorantem conferri possit.

Quis donare, cui et quid donari mortis causâ valet.

A testato vel intestato donari mortis causâ posse diximus ; itaque filiofamiliàs qui testamentum, patre permittente , condere nequit , mortis causâ donare, patris gratiâ, licet ; si quidem testamentum juris est civilis, donatio autem juris privati.

Qui legata accipere possunt, mortis causâ capioni apti sunt, at in mortis causâ donationibus non tempore donationis sed mortis intuenda est habilitas.

Distinctas esse dantis et accipientis personas opportebit, quippè patrem inter et filium , conjugem inter et uxorem , exstante matrimonio, hæc nequit consistere donatio ; sed resolutis obitu donatoris nuptiis, id quod donatum est penès donatarium remanet ; priore verò cui donatum est defuncto, ad eum res redit qui donaverat. Quòd si donator simùl ac donatarius intercedit, valet donatio, eò maximè quòd donator non supervivat qui condicere possit.

Sæpiùs necesse videbitur quærere quantum ex mortis causâ donatione attulerit donatarius, verbi gratiâ si hominem noxæ nomine vel aliàs obligatum quis acceperit, aut fundum debitis oneratum. In istis quoque casibus et aliis, donatarius tantum accepisse apparebit quantum emolumenti donationis compendium ei fecit.

Donationem notemus suspensivè factam modum esse acquirendi ipso jure, absque traditione , cùm mors contegerit.

Donatione quidem sub solubilem conditionem actâ, quâ traditione proprietas extemplò transfertur , traditio modus est acquirendi , liberalitas verò causa traditionis.

De mortis causâ revocatione et actionibus.

Mortis causâ donatio revocatur : 1° convalescente ; 2° superstite ; 3° pœnitente donatore.

Convalescentiâ donatio mortis causâ rumpitur cùm sub hâc mente condita sit, sed pœnitentiâ, etiam dum pendet an convalescere possit, quia ambulatoria est hominis voluntas, usque ad extremum vitæ spiritum.

Filiofamiliàs vel servo mortis causâ donatur, cujus mors inspici debetur ut sit irrita donatio ? patris dominive, servi aut filiifamiliàs ? respon-

derunt Africanus et Paulus : magis ejus inspiciendam mortem cui donatum est, nisi patrem vel dominum potiùs contemplâsset donator, filiifa-
miliàsque servive ministerio usus esset.

Sin autem ambo qui invicèm sibi mortis causâ donaverunt, simul de-
cesserint; neutrius hæres repetet quia neuter alteri supervixit.

Revocatâ mortis causâ donatione, corruunt conventiones huic appo-
sitæ.

De actionibus quæ ex mortis causâ donatione nascuntur, constat condictionem vel utilem actionem habere qui mortis causâ donavit.

Res mortis causâ donatur, sed donator convaluit, quæritur an in rem
actionem habeat? distinguitur an ità donavit, ut si mors contigisset, tunc
haberet donatarius, mortuo cui donatum est, directâ aget actione; si donavit ut statim haberet cui donatum esset, utilis ei occurret actio.

Si certum corpus vindicatur et exstat, ipsum condicitur, si non exstet,
ejus pretium.

Si impensæ utiles necessariæque factæ sint, vindicans doli mali excep-
tione submovetur, nisi earum pretium restituat.

Cui donatus est servus mortis causâ, véndidit; pretii condictionem habet donator, ut aït Julianus, nisi maluisset hominem repetere.

Si alienam rem mortis causâ donavero, eaque usucapta fuerit, verus
dominus eam condicere non potest, sed ego si convaluero.

Si donator mortis causâ donatario id quod debebat accepto tulit, condicitur quantum ipsi accepto tulit.

Aliundè donatarius easdem habet actiones quas legatarius, nempè rei
vindicationem, actionem hypothecariam et personalem ex testamento.

De mortis causâ capionibus.

Quotièsque capiendi occasio propter alicujus mortem obvenit, mortis
causâ capitur, exceptis his speciebus quæ, quasi hœreditarium vel fidei-
commissarium jus, proprio nomine vocantur.

Qui pecuniam ut hœreditatem adiret aut prœtermitteret, accepit, mortis causâ cœpisse Julianus et **Priscus** aïunt.

Idem est quod à servo implendæ manumissoris conditionis gratiâ, quod à legatario, quod à patre pauperibus propter filii vel cognati fatum, datur.

DROIT FRANÇAIS.

DES DONATIONS ENTRE-VIFS.

C'est surtout lorsqu'un homme dispose, d'une manière irrévocable, de ses biens, que la loi, gardienne des droits de tous, doit intervenir pour s'assurer de la vérité de ses intentions que pourrait dénaturer l'esprit de fraude. Cependant M. Toullier croit voir la cause des nombreuses formalités qui entourent la donation entre-vifs dans l'extrême aversion qu'avaient pour ces sortes de dispositions nos anciennes coutumes, dont l'esprit aurait secrètement influé sur la rédaction du Code.

La donation entre-vifs est un acte par lequel le donateur se dépouille actuellement et irrévocablement de la chose donnée en faveur du donataire qui l'accepte.

Mais le donateur peut-il se dépouiller ainsi, sans employer des formes solennelles? La donation peut-elle se faire par acte sous signatures privées, verbalement? Ici commence la série des formalités que nous allons examiner successivement.

Quatre principaux caractères constituent la donation entre-vifs:

  1º L'authenticité de l'acte;
  2º Le dessaisissement actuel du donateur;
  3º L'acceptation du donataire;
  4º L'irrévocabilité de la donation.

Nous traiterons séparément de ces quatre conditions de l'existence d'une donation entre-vifs; les exceptions à la règle de l'irrévocabilité feront l'objet d'un chapitre particulier.

CHAPITRE PREMIER.

De la forme des donations entre-vifs.

Tous actes portant donation entre-vifs doivent être passés devant notaires, dans la forme ordinaire des contrats, et il en restera minute sous peine de nullité. Cette nullité est tellement absolue qu'elle pourrait être opposée par toutes personnes ayant intérêt, même par le donateur auquel la loi interdit le pouvoir de réparer par aucun acte confirmatif les vices de forme de ces dispositions. (1339.)

Toutefois, à l'égard des dons manuels, comme la donation est entièrement consommée par la tradition réelle de la chose, on ne voit pas la nécessité de la soumettre à la formalité de l'écriture, sauf à la faire annuller si elle présente quelque caractère de fraude.

Il en est autrement des choses incorporelles qui n'étant pas susceptibles d'une tradition réelle, ne peuvent être valablement données qu'en employant les formes de la loi; à moins que la remise d'un titre de rente, de créance ou d'autres droits fut faite par le créancier au débiteur lui-même. (1282.)

On ne doit pas induire de ce que nous venons de dire des dons manuels, que la donation de choses mobilières soit dispensée des formalités générales des dispositions entre-vifs; la loi au contraire déclare qu'elle ne sera valable que pour les effets dont un état estimatif, si né du donateur et du donataire ou de ceux qui acceptent pour lui, aura été annexé à la minute de l'acte.

L'état estimatif est il nécessaire dans les donations d'immeubles par destination ? La loi ne le dit pas, mais il serait prudent d'y joindre cet état.

Le défaut d'insinuation au greffe annullait, sous l'ancienne jurisprudence, la donation à l'égard des héritiers; la loi exige maintenant la transcription de la donation et des actes y annexés, lorsqu'il s'agit de biens susceptibles d'hypothèques, pour que la translation de propriété

**

soit opérée vis-à-vis des tiers. C'est au donataire lui-même qu'incombe l'accomplissement de cette formalité, à **moins** que la donation n'ait été faite à une femme mariée, à un mineur ou interdit, à un établissement public, auquel cas le soin de faire cette transcription est laissé au mari ou à la femme elle-même, si le mari ne la fait pas, au tuteur ou administrateur.

Mais alors on conçoit que les personnes qui sont chargées de remplir cette formalité, ne puissent se faire un titre de leur propre faute pour opposer le défaut de transcription, et si les victimes de cette négligence ne peuvent se faire restituer contre ce défaut de transcription; c'est que les droits des tiers trompés par le non-accomplissement de cette formalité sont bien plus sacrés que ceux des mineurs ou des femmes *qui certant de lucro captando*. Qu'ils s'en prennent à ceux qui n'ont pas fait leur devoir!

CHAPITRE II.

Du dessaisissement actuel.

L'effet de la donation entre-vifs dûment acceptée est de dépouiller actuellement le donateur de sa chose et d'en transférer la propriété au donataire.

De ce que le donataire doit se dessaisir actuellement de sa chose, il s'ensuit que la donation ne peut comprendre des biens avenir; ce qui serait d'ailleurs contraire au principe de l'irrévocabilité. La faveur due au mariage a fait introduire une exception. (1084.)

Néanmoins si la donation comprenait tout à la fois des biens présens et des biens avenir, elle ne serait nulle que pour ces derniers.

Une autre conséquence du dessaisissement actuel, c'est que, conformément à la maxime : *donner et retenir ne vaut*, la donation est nulle, si elle est faite sous une condition potestative de la part du donateur ou si le donataire est grèvé de dettes ou charges arbitrairement et au gré du donateur, de telle sorte qu'il dépendit de ce dernier d'annihiler la donation. Aussi la loi exige-t-elle que le donateur exprime dans la donation ou dans l'état y annexé, les charges qu'il entend imposer au donataire qui est libre alors d'accepter ou non la donation.

Mais la condition casuelle, soit suspensive, soit résolutoire, n'infecte pas la donation du vice de *donner* et *retenir*; dans ce cas, la donation subordonnée à un événement incertain est indépendante de la volonté du donateur; si l'évènement se vérifie, l'effet de la donation remonte au jour où elle a été faite, il y a eu dépouillement actuel; sinon, la donation n'a jamais existé.

Le droit de retour, soit dans le cas de prédécès du donataire seul, soit dans le cas de prédécès du donataire et de ses descendans, doit être rangé dans la classe des conditions casuelles résolutoires; mais le retour conventionnel ne peut être stipulé qu'au profit du donateur seul; autrement il y aurait une substitution; toutefois la donation ne serait nulle qu'à l'égard du substitué, puisque la loi ne prononce pas la nullité de toute la disposition. Les nullités, comme les peines, ne peuvent être suppléées.

D'après ce principe que les conditions accomplies rétroagissent au jour de la donation, les charges et hypothèques qui auraient été créées par le donataire, s'évanouissent dans le cas de retour; mais il y a une exception à cette règle, en faveur du mariage, parcequ'on présume que le donateur qui a fait la libéralité dans le contrat de mariage duquel résultent ces droits et hypothèques, a voulu contribuer à assurer la dot et les conventions matrimoniales, et qu'à cet égard il a entendu préférer à lui-même l'époux du donataire.

Du reste, nous pensons avec M. Grenier que, par une conséquence de l'article 1183 du code civil, toutes les conditions résolutoires opèrent également la résolution des aliénations et hypothèques.

Si le donateur s'est réservé la liberté de disposer d'un effet, ou d'une somme fixe sur les biens donnés, il n'y a pas eu dessaisissement actuel et irrévocable, s'il meurt sans en avoir disposé; il n'y a pas eu de donation à l'égard de cet objet; et ce serait en vain qu'il aurait déclaré que, dans

ce cas, la chose réservée appartiendrait au donataire ; rien ne prouve qu'au moment de sa mort, il persistait dans sa libéralité ; ses héritiers recueilleront cet objet.

Qu'il se réserve l'usufruit, il le peut, parce qu'alors il a disposé d'une manière irrévocable de la nue propriété ; mais s'il a réservé l'usufruit au profit d'un autre, il y a deux donations distinctes, celle de l'usufruit et celle de la nue-propriété, et elles sont toutes deux soumises aux formalités légales.

Si le donateur d'effets mobiliers s'en est réservé l'usufruit, la donataire ne peut, à l'expiration de l'usufruit, se plaindre de la détérioration de ces objets, puisque le donateur avait le droit d'en user, à moins que les effets eussent été donnés avec état estimatif, ou que les détériorations ne provinssent du dol ou de la négligence du donateur.

La loi a admis en faveur du mariage des exceptions aux règles ci-dessus posées.

Le donateur n'est pas tenu à la garantie de la chose donnée, aussi la donation de la chose d'autrui est-elle nulle et sans effet. Mais si le donateur de la chose d'autrui devenait héritier du propriétaire de cet objet, pourrait-il le revendiquer dans les mains du donataire ? Pothier ne le pense pas, par cette raison que si le donateur ne s'oblige pas à la garantie de la chose donnée, il s'oblige du moins à ne pas empêcher que le donataire en ait la propriété.

CHAPITRE III.

De l'acceptation du donataire.

Jusqu'à l'acceptation, il n'y a qu'une offre de la part du donateur, offre qui reste sans effet, si le donataire n'y répond pas. L'acceptation est le complément de la donation.

L'acceptation est donc de l'essence de la donation ; ce n'est qu'alors que les deux volontés sont réunies, ce n'est qu'alors qu'il y a une convention parfaite, que les effets de la donation commencent.

Par conséquent, il est évident que l'acceptation faite après la mort du donateur, ne pourrait valider la donation, puisqu'alors rien ne prouve que la volonté qui offrait a persévéré et est d'accord avec la volonté qui accepte.

Si la manifestation des deux volontés est simultanée et expresse, l'offre et l'acceptation qui constituent la donation, doivent être constatées par acte devant notaire avec minute ; et si l'acceptation est postérieure, le donataire majeur, soit qu'il accepte par lui-même, soit qu'il accepte par un fondé de procuration authentique, ne peut être dispensé de soumettre l'expression de sa volonté aux mêmes formalités solennelles.

Les tuteurs, administrateurs autorisés à cet effet, les maris ; lorsqu'ils acceptent pour des mineurs ou interdits, ou pour des hospices, des pauvres, des établissemens publics, ou pour des femmes mariées, sont astreints aux mêmes formes.

Les mineurs émancipés, assistés de leurs curateurs, les femmes autorisées de justice, au refus de leurs maris, les sourds-muets qui savent écrire, les curateurs ad hoc pour les illétrés, les père, mère, ou autre ascendant du mineur, émancipé ou non, sont soumis aux mêmes obligations, et doivent donner le même caractère d'authenticité à leur acceptation.

Les mineurs, interdits ou femmes mariées ne peuvent se faire restituer contre le défaut d'acceptation, par la raison déjà expliquée à l'égard de la transcription.

L'acceptation n'a d'effet à l'égard du donateur que du jour où l'acte qui la constate lui a été notifié ; mais si, entre la pollicitation et l'époque où la notification de l'acceptation lui aura été faite, le donateur meurt, devient incapable ou révoque ses offres, que devient la donation ? nous pensons qu'aux termes bien formels de l'article 932, la donation n'a jamais existé.

Il en est de même à l'égard du donataire, s'il mourait avant que son fondé de pouvoir eut accepté, parce que le mandat finit par la mort du mandant, (2003) lorsqu'elle est connue du mandataire ; ou si le donataire mourait avant d'avoir notifié son acceptation.

Les biens donnés passent au donataire avec toutes les hypothèques et autres charges créées par le donateur entre l'offre et l'acceptation, et même entre l'acceptation et la notification de l'acte qui la constate.

CHAPITRE IV.

De l'irrévocabilité de la donation.

L'irrévocabilité, dit Pothier, est de l'essence de la donation entre vifs.

Les choses qui sont de l'*essence* d'un contrat sont celles sans lesquelles le contrat n'existerait pas. Or, l'irrévocabilité est bien de l'essence de la donation entre-vifs, puisque *toute donation entre vifs faite sous des conditions dont l'exécution dépend de la seule volonté du donateur est nulle.*

D'un autre côté, sont de la *nature* des contrats les choses qui s'y trouvent sans qu'on en convienne, mais qu'on pourrait en détacher sans anéantir le contrat. La donation est-elle irrévocable sans qu'on en convienne? mais le donateur peut-il en *détacher* ce caractère distinctif sans *anéantir* la donation? il suffit d'avoir exposé ces questions pour y avoir répondu.

De ce que la loi aurait admis des exceptions à cette règle de l'irrévocabilité, elle ne cesse pas pour cela d'être de l'essence de la donation ; ces exceptions sont dans la loi ; elle ne serait de sa nature que s'il dépendait des parties d'en *détacher* ce caractère sans que le contrat cessât d'exister. Ainsi la garantie est de la nature de la vente, elle s'y trouve sans convention, mais le contrat ne serait pas anéanti parce que l'on conviendrait que le vendeur ne serait pas tenu de garantir. (1627)

CHAPITRE V.

Des exceptions à la règle de l'irrévocabilité des donations entre vifs.

En principe, le donateur peut imposer à ses libéralités telles conditions qu'il juge à propos, mais l'effet de ces conditions n'est pas toujours le même : ainsi, les conditions impossibles, celles contraires aux lois ou aux bonnes mœurs, sont réputées non écrites; la disposition est valable quoique la condition ne soit pas accomplie ; dans ce cas, la cause réelle de la donation, dit M. Duranton, a été la volonté de conférer un bienfait, la condition n'est qu'une simple modalité et comme impossible, contraire aux lois ou aux mœurs, elle est réputée non écrite. Les jurisconsultes romains regardaient de pareilles conditions, sinon comme un badinage, du moins comme le fruit d'une erreur ou d'une préoccupation, à laquelle on peut ne pas avoir égard sans contrevenir à la volonté du disposant. Quoiqu'il en soit, la règle ne doit pas s'appliquer à toute espèce de convention, l'article 1172 frappe en général de nullité les conventions auxquelles auraient été apposées de semblables conditions, c'est qu'alors la condition est regardée comme la cause réelle de l'acte.

Il y a également des conditions dont la seule insertion entraine la nullité de la donation. (944,945.)

Il nous reste à traiter des exceptions admises par la loi à la règle de l'irrévocabilité des donations entre-vifs.

Quoique l'irrévocabilité soit fondamentale en matière de donation, il y a trois causes d'exceptions :

1° L'inexécution des conditions.

2° L'ingratitude.

3° La survenance d'enfans.

Nous ferons de ces exceptions trois articles séparés.

ARTICLE PREMIER.

De l'inexécution des conditions.

Quoique la donation soit un acte gratuit de sa nature, il est néanmoins permis au donateur de restreindre l'étendue de sa libéralité en imposant quelques charges au donataire. Ces charges ne sont pas à proprement parler, des conditions de la donation, car elles n'en suspendent pas l'effet ; toutefois, comme la volonté de donner peut être subordonnée à leur accomplissement, la loi les désigne sous le nom de conditions.

On ne doit pas regarder comme des conditions, dit Domat, les motifs que le donateur exprime comme étant la cause de sa libéralité, comme des services rendus ; la donation ne sera pas annullée quoiqu'il n'y ait pas de services rendus ; restera toujours la volonté absolue de celui qui a donné et qui a pu avoir d'autres motifs que ceux qu'il a exprimés.

Il n'en est pas de même de la donation qui ne serait faite qu'à condition de l'emploi pour telle acquisition, pour acheter une charge, par exemple ; si la charge n'est pas achetée, la donation n'aura pas d'effet.

En un mot, toutes les fois que les conditions sous lesquelles la donation aura été faite, n'auront pas été exécutées ; elle sera *révocable* et non pas *révoquée ;* car la loi ne prononce la révocation de plein droit que pour la survenance d'enfans, parcequ'alors le principe de la révocation est d'ordre public.

L'inexécution des conditions faisant défaillir dès le principe la volonté qui servait de base au droit du donataire, ce droit doit s'évanouir et avec lui doivent disparaître tous ceux que le donataire aurait conférés à des tiers, vis-à-vis desquels le donateur a les mêmes droits que contre le donataire lui-même.

ARTICLE SECOND.

De l'ingratitude du Donataire.

Un bienfait impose des devoirs de reconnaissance, il est juste de punir l'ingrat par la perte de la donation.

La loi, pour éviter l'arbitraire, limite à trois cas les causes de révocation pour ingratitude : 1° l'attentat à la vie du donateur ; on n'exige pas, comme pour l'indignité, qu'il y ait eu condamnation ; 2° les sévices, délits ou injures graves envers lui : s'il l'a frappé, diffamé, calomnié ; 3° le refus d'alimens : *necare videtur qui alimenta denegat.* Mais le donataire n'est tenu d'en fournir que jusqu'à concurrence du bien donné.

On doit penser que celui qui s'est porté à faire jouir une personne d'un bienfait, est également porté à lui pardonner ses torts ; aussi ce pardon se présume-t-il facilement et la loi n'accorde-t-elle qu'un faible délai pour former la demande en révocation.

La remise est présumée par le silence de l'offensé pendant un an à compter du jour du délit ou du jour où le donateur l'a connu. La remise expresse résulte de la réconciliation.

Les peines, comme l'offense et la réparation, sont personnelles, il est donc naturel de refuser l'action contre les héritiers du donataire ; mais la demande peut être formée par les héritiers du donateur, si leur auteur est mort dans l'année du délit ou si elle avait été intentée par lui, parce qu'alors l'obligation de restituer s'est trouvée dans la succession.

La révocation pour cause d'ingratitude est une peine, et toute peine, comme nous l'avons dit, est personnelle, les tiers ne doivent pas en être victimes. D'ailleurs la révocation pour cause d'ingratitude n'est point sous-entendue, comme dans le cas d'inexécution des conditions. Le contrat ne peut donc qu'être résolu pour l'avenir ; tous les droits transférés sur la chose sont donc irrévocables ; mais ils ne sont irrévocables que jusqu'à

***

l'inscription de la demande en marge de la transcription de la donation.

L'ingrat doit restituer au donateur la valeur des aliénations par lui faites à partir de la demande ; à dater de cette époque, il cesse de gagner les fruits.

Sont exceptées de la révocation les donations rémunératoires et la raison s'en conçoit facilement ; il y aurait ingratitude de la part du donateur lui-même à demander cette révocation.

Sont aussi exceptées les donations en faveur du mariage ; elles sont plutôt la dotation du nouvel établissement des futurs qu'une libéralité personnelle à l'époux du donataire.

ARTICLE TROISIÈME.

De la survenance d'Enfans.

Le principe de la révocation pour cause de survenance d'enfans était consignée dans l'ordonnance de 1731, rédigée par le chancelier d'Aguesseau.

Cette révocation s'opère de plein droit et elle s'étend à toute espèce de donations même modiques, mutuelles ou rémunératoires, même celles faites en faveur du mariage. La loi excepte seulement : 1° les donations faites par les ascendans aux conjoints ; 2° les donations que les époux se font l'un à l'autre.

La révocation pour cause de survenance d'enfans est fondée sur la présomption que le donateur qui n'avait point d'enfans lors de la donation , eût préféré son propre sang à des étrangers, s'il avait prévu qu'il en aurait un jour. Aussi n'a-t-elle pas lieu si le donateur avait déjà des enfans nés au moment de la donation, quoiqu'il lui en naisse depuis, parce qu'alors la présomption de la loi cesse ; mais elle reprend tout son empire si l'enfant était conçu au moment de la donation ; le disposant en peut ignorer la conception.

Néanmoins si l'enfant conçu ne nait pas viable, il n'acquiért ni ne transmet aucun droit, la révocation n'a pas lieu.

La révocation s'opère par la seule force de la loi, qu'importe que le donataire soit entré en possession des biens donnés et y ait été laissé par le donateur, la tolérance de ce dernier ne peut faire revivre une chose que la loi anéantit; cependant la bonne foi du donataire lui fait faire les fruits siens jusqu'à la notification de la naissance ou de la légitimation de l'enfant, s'il s'agit d'un enfant naturel.

Les effets de la révocation sont plus étendus dans ce cas que par le retour conventionnel; toutes les charges et hypothèques du chef du donataire, même l'hypothèque subsidiaire de la femme, s'évanouissent : et ce serait en vain que la donation aurait été faite en faveur du mariage du donataire et insérée dans le contrat; la loi ne fait pas de distinction, quand même le donateur se serait obligé, comme caution, à l'exécution du contrat : ce cautionnement serait d'ailleurs lui-même une donation et comme telle révoquée de plein droit.

La mort de l'enfant, la ratification expresse ou tacite ne saurait faire revivre une donation tombée dans le néant; la libéralité ne devra son existence qu'à une nouvelle disposition dans les formes légales.

On conçoit que la révocation pour cause de survenance d'enfans étant d'ordre public, le donateur ne peut y renoncer d'avance; au reste cette clause deviendrait de style.

Le titre du donataire étant anéanti, il est tout simple qu'il ne puisse, lui, ses héritiers ou ayant cause, prescrire que par trente ans (2262) à compter de la naissance du dernier enfant, même posthume. Mais les tiers acquéreurs qui ont un titre et qui sont de bonne foi, ne devraient pas être traités si rigoureusem nt : cependant le législateur dérogeant sur ce point à l'article 2265 a montré toute la faveur dont il entourait la révocation, en assimilant les détenteurs de la chose donnée au donataire lui-même ou à ses héritiers.

Mais pourquoi la prescription ne court-elle pas à compter de la naissance du premier enfant? C'est bien à ce moment que s'opère la révocation. Pothier nous en donne le motif : « Quoique la naissance du premier enfant, dit-il , ait donné ouverture au droit de révoquer la chose donnée, la naissance de chacun des enfans qui nait depuis, ajoute un nouveau droit de la révoquer à celui que le donateur avait déjà acquis par la naissance du premier. »

Imprimerie de Beaulé et Jubin,
8, rue Monceau-S.-Gervais.